M000190296

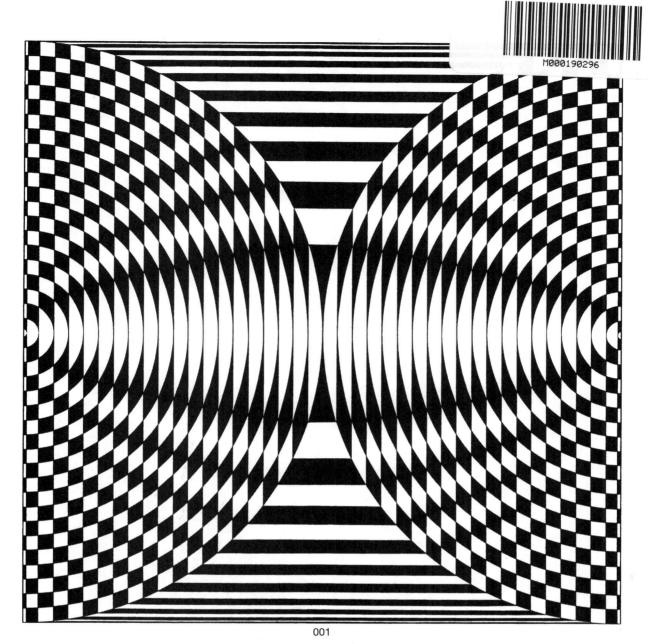

001

002

004

005

3

006

007

6

010

011

012

013

014

015

016

017

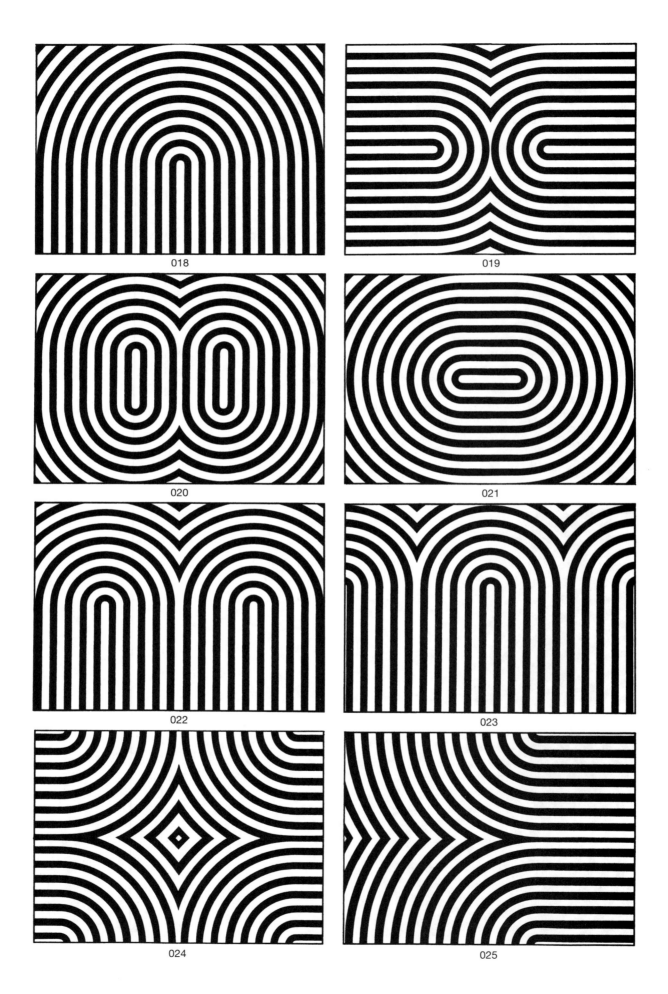

018

019

020

021

022

023

024

025

8

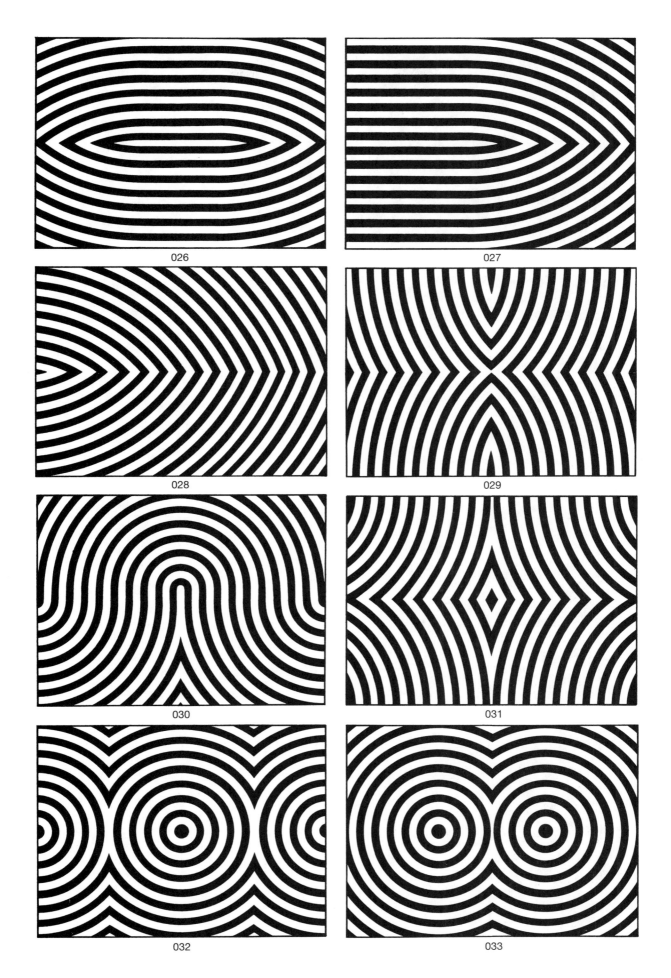

026

027

028

029

030

031

032

033

034

035

036

037

038

039

040

041

042

043

044

045

046

047

048

049

050

051

052

053

054

11

055

056

057

058

059

060

061

062

063

064

065

066

067

068

069

070

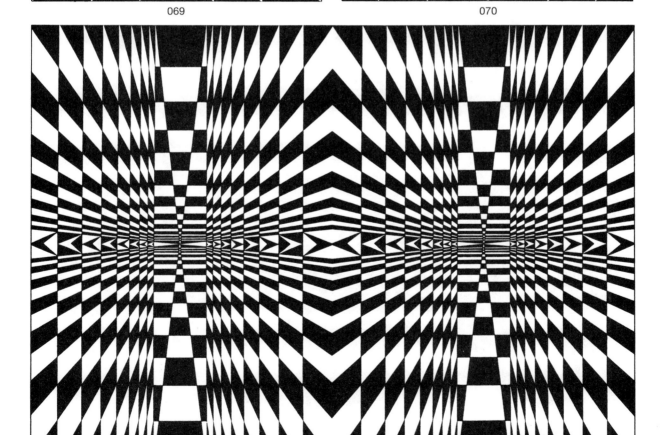

071

15

073

074

075

076

077

078

079

080

081

082

20

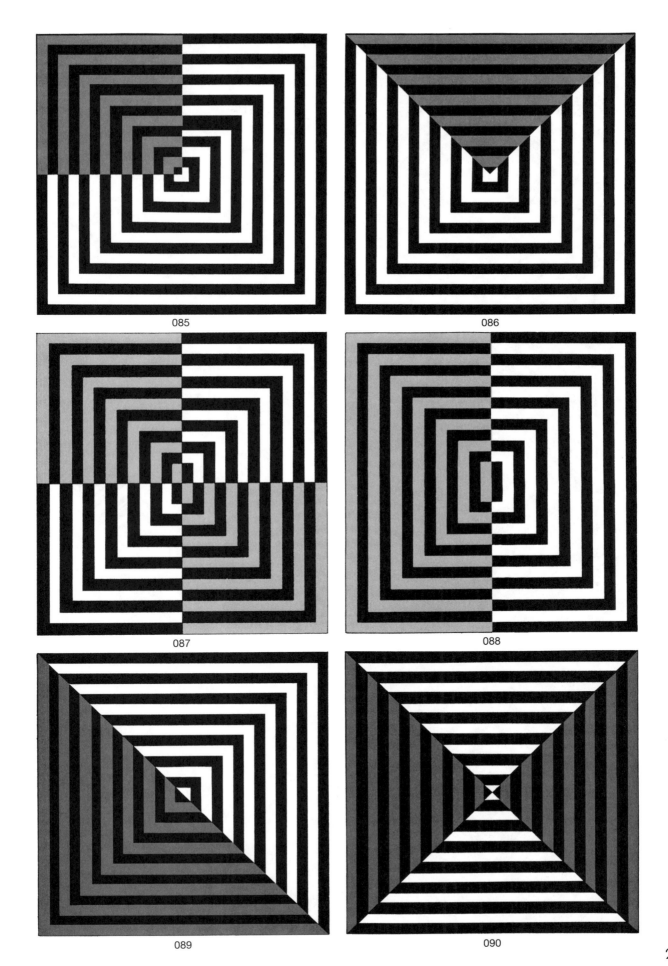

085

086

087

088

089

090

23

091

092

093

094

095

096

097

098

099

100

101

102

103

104

25

105

106

107

108

109

110

111

112

26

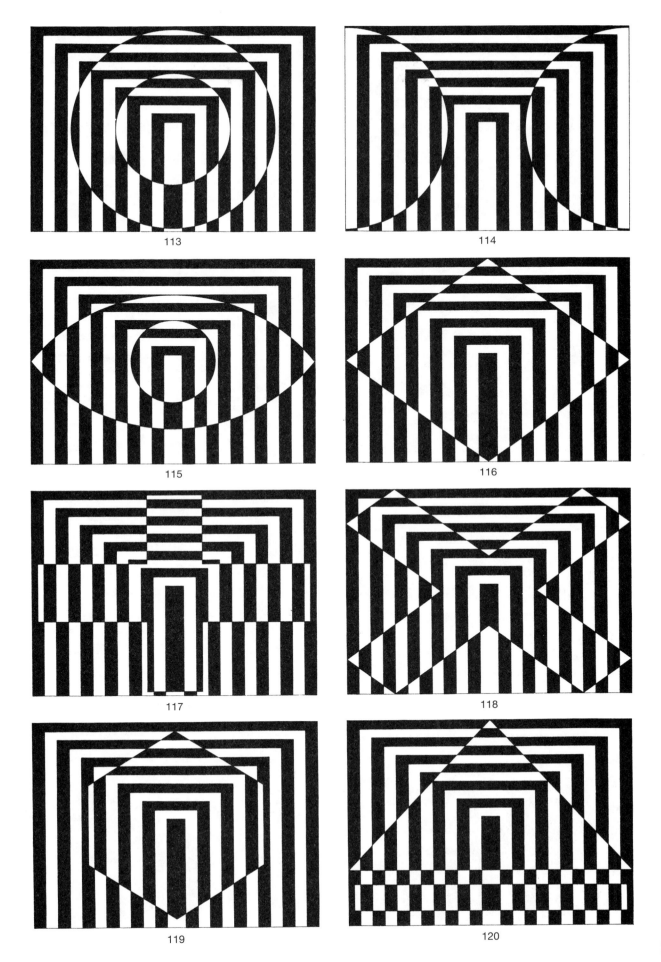

113

114

115

116

117

118

119

120

27

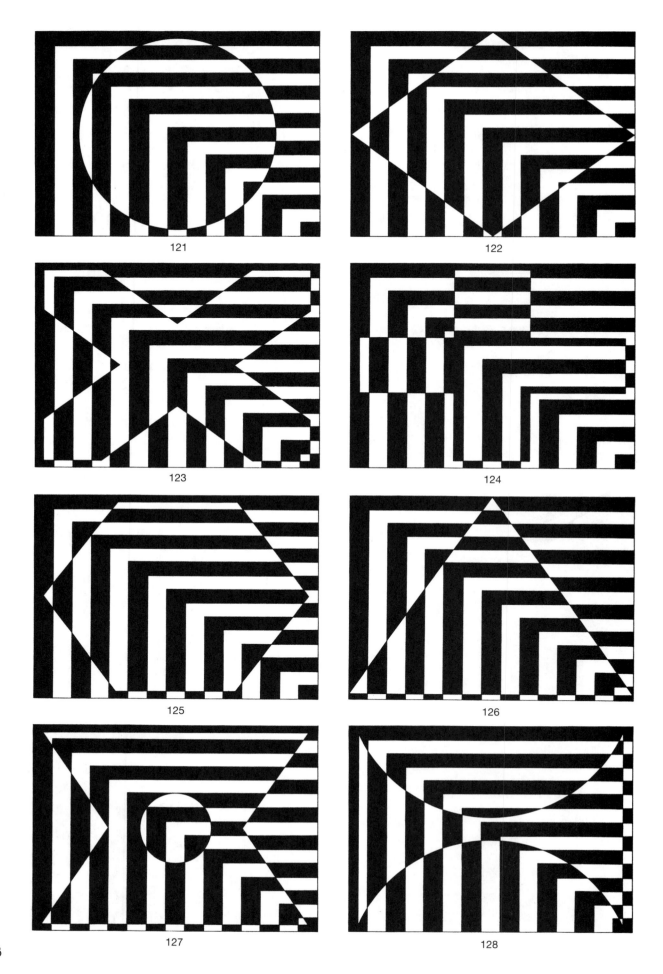

121

122

123

124

125

126

127

128

28

129   130   131

132   133   134

135   136   137

138   139   140

141   142   143

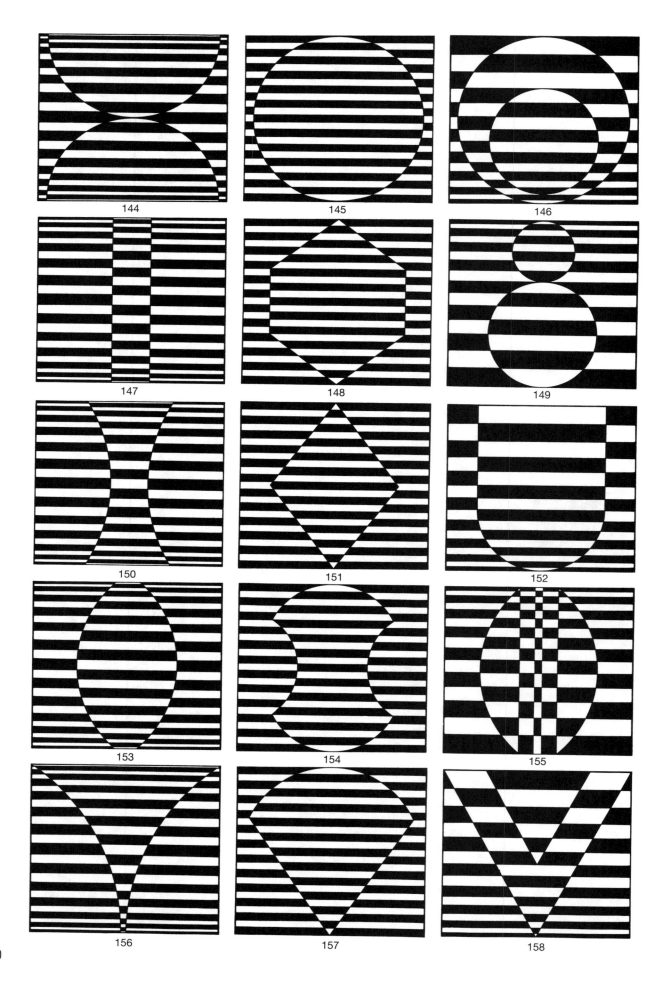

144

145

146

147

148

149

150

151

152

153

154

155

156

157

158

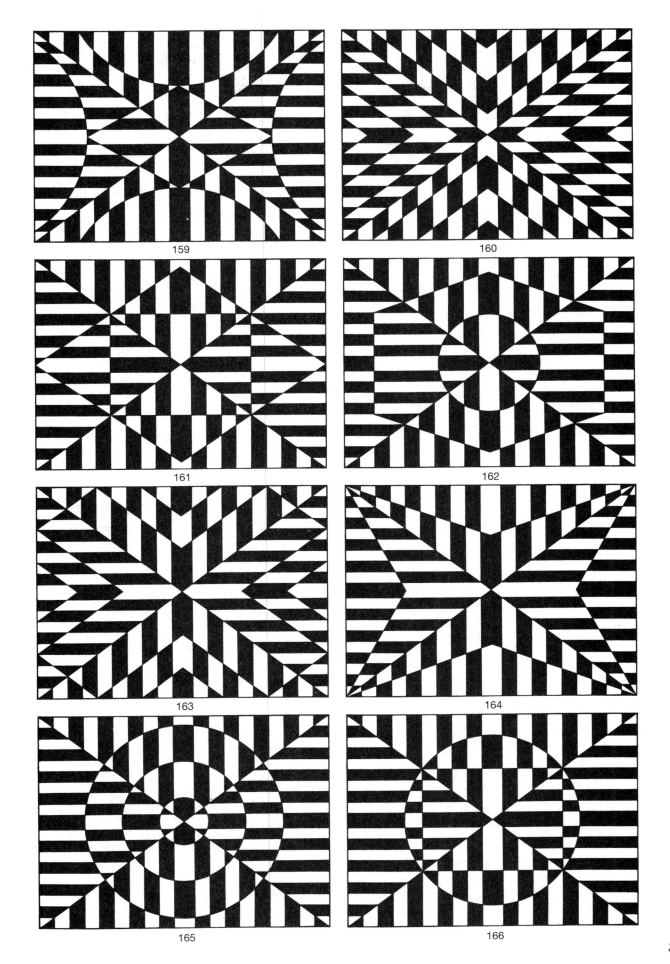

159

160

161

162

163

164

165

166

31

168   169   170

171   172   173

174   175   176

177   178   179

180   181   182

183

184

185

186

187

188

189

190

35

191 192
193 194
195 196

36

197

198

199

200

201

202

203

204

37

205

206

207

208

209

210

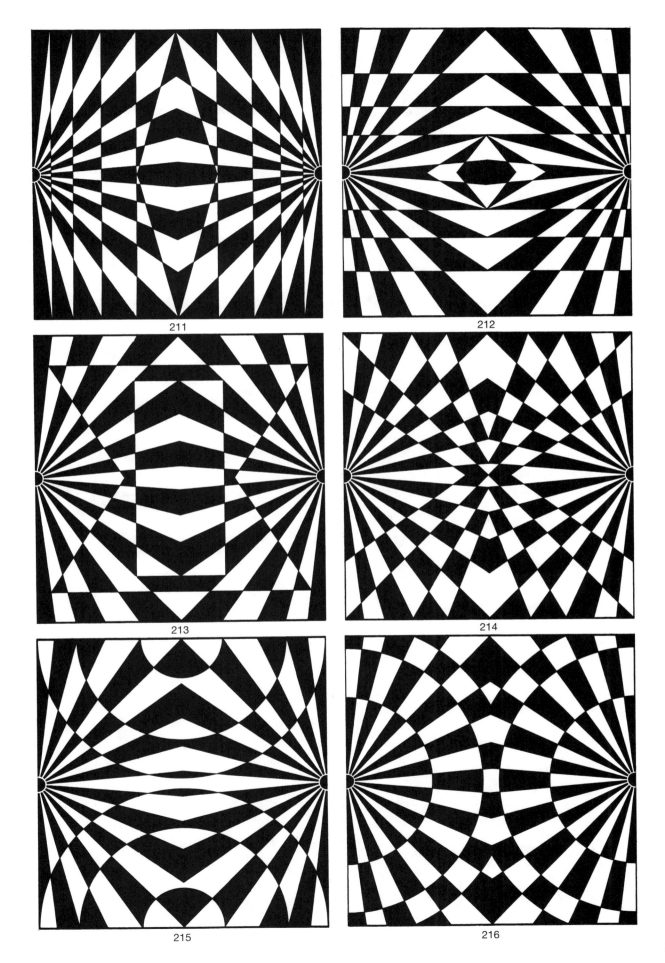

211

212

213

214

215

216

39

218

219

220

221

222

223

224

225

226

227

228

229

230

231

232

233

234

235

43

236

237

238

239

240

241

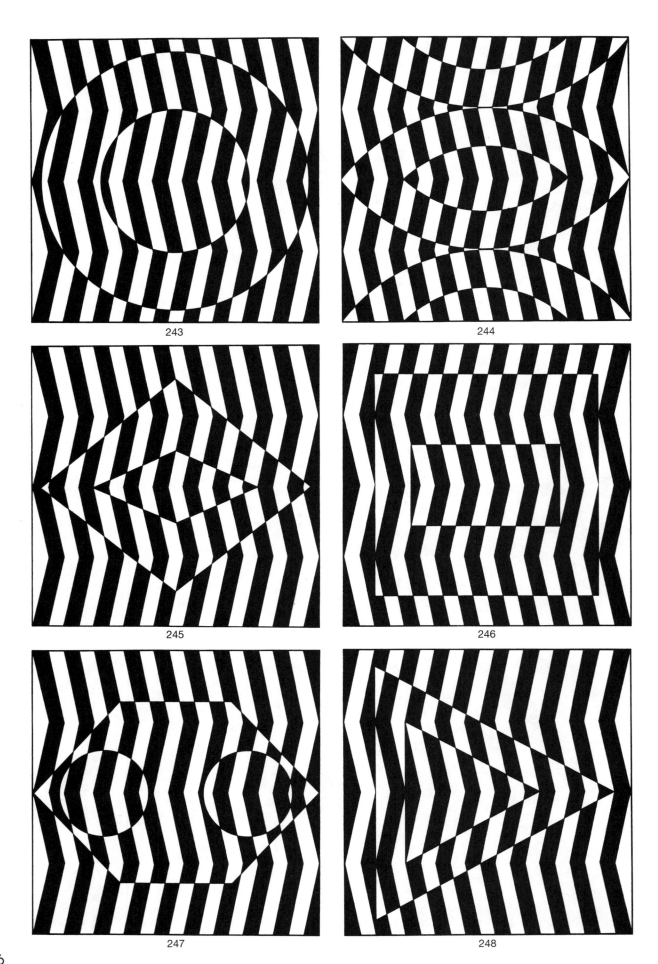

243

244

245

246

247

248

249 250 251
252 253 254
255 256 257
258 259 260
261 262 263

264 265 266 267 268
269 270 271 272 273
274 275 276 277 278
279 280 281 282 283
284 285 286 287 288
289 290 291 292 293

48